IGUAL QUE ENTONCES

Inmaculada Mengíbar

IGUAL QUE ENTONCES

Prólogo de *Juan Bonilla*

RENACIMIENTO
SEVILLA • MMXXV

© Inmaculada Mengíbar
© Prólogo: Juan Bonilla
© 2025. Editorial Renacimiento

www.editorialrenacimiento.com
POLÍGONO NAVE EXPO, 17 • 41907 VALENCINA DE LA CONCEPCIÓN (SEVILLA)
tel.: (+34) 955998232 • editorial@editorialrenacimiento.com

Diseño de cubierta: Marie-Christine del Castillo

DEPÓSITO LEGAL: SE 676-2025 • ISBN: 979-13-87552-55-8
Impreso en España • Printed in Spain

LA VOZ RECOBRADA

ABUSANDO del esquematismo, por no incurrir en academicismos (privilegio por otro lado que no tengo al alcance), parece evidente que durante toda la historia de la poesía se ha dado un balanceo entre una poesía de gala, por decirlo así, de lenguaje enjoyado y prendas orgullosas de su exquisitez y su tamborileo retórico, y otra vestida de paisano o de diario, la que se escribe como se habla y no necesita de pedestales para alzarse sobre la cotidianeidad sino que más bien consigue que esta sea protagonista, en forma y fondo, de su discurso. Buscar lo extraordinario en lo cotidiano, encontrar su brillo en las cosas de siempre, en los días laborables, en las rutinas que no se hartan de repetirse mientras esperamos la alegría de lo inesperado.

Yo lo simplificaría aún más y diría que hay dos tipos de poesía: la buena y la mala, la que te toca y la que te deja igual, la que te acompaña y la que no. Ni siquiera pertenezco al nutrido grupo que considera que, por ejemplo, los libros vendidísimos de nuevos poetas llegados a la edición después de triunfar en redes sociales, no merecen el nombre de poesía por estar sus piezas compuestas de un sinfín de cursilerías más o menos maquilladas: me parece una pérdida de tiempo ponerse a ejercer de aduanero y mucho más efectivo aceptar que entre esos vendidísimos volúmenes abunda la poesía mala (como por otra parte también ocurre en el otro lado, entre los doctos volúmenes que solo leen amigos y familiares de los autores: no sé de dónde se ha sacado nadie que el hecho de escribir un libro muy minoritario ya concede a ese libro una calidad que se le discute por principios a libros que cansan a los impresores con sus reediciones). Entre alguna nadería pedante y metafísica y alguna de las ocurrencias de poetas «inflagramers», prefiero mil veces lo segundo porque por lo menos no pretenden dar gato por liebre. ¿Todo esto por qué lo estaba diciendo? Ah sí, Inmaculada Mengíbar es de las poetas que nos tocan, que hablándonos con la lengua de todos los días consigue presentarnos el resplandor de la poesía barajando emoción, experiencia, cotidianeidad, extrañeza y humor.

Su nombre quedó vinculado desde su aparición a mediados de los años ochenta del siglo pasado al grupo «La Otra Sentimentalidad», donde figuraba como terna fundamental la compuesta por Javier Egea, Álvaro Salvador y Luis García Montero, ejerciendo de filósofo teórico Juan Carlos Rodríguez. El grupo granadino encabezó lo que, en un conjunto más amplio, se reconoció como Poesía de la Experiencia, movimiento que se propuso desde distintos tonos y lugares, voces y ecos, combatir los extremos de pedantería a los que había llegado la poesía desde la irrupción de los novísimos (ya digo, que simplifico mucho, pero qué remedio: yo creo que aunque la mayoría de TFGs y papers se los hayan llevado los integrantes de «La Otra Sentimentalidad», la reacción contra el culteranismo preciosista de los novísimos se produjo mucho antes, ya Miguel d'Ors había publicado unos cuantos libros, y había salido el primer libro de Francisco Bejarano y empezaban a publicar Fernando Ortiz y Abelardo Linares, y autores que empezaron como epígonos novísimos como Luis Antonio de Villena y Luis Alberto de Cuenca, habían virado hacia otro tono más callejero, menos palaciego, pero dejo tales tablas cronológicas para los especialistas).

Que el descubrimiento de la poesía de los autores de «La Otra Sentimentalidad» fue importante para Mengíbar lo declaran las dedicatorias de sus libros, citas en algunos poemas y varias prosas inéditas que, esperamos, andando el tiempo, configuren un libro de relámpagos de memoria que promete ser delicioso (hay una soberbia muestra en el número 8 de la revista *Calle del Aire*).

Inmaculada Mengíbar, nacida en Córdoba en 1962, se trasladó a Granada en 1984 y unos años después recopiló poemas para presentarse al, por entonces, revelador premio Hiperión de poesía del que fue finalista con *Los días laborables.* Era un libro espléndido, lleno de poemas de amor y desamor, de encuentros nocturnos y amores imposibles, de imágenes que te quedaban culebreando en los adentros y una voz cercana, sentimental ma non troppo, honesta. La limpieza de los versos, la elegancia de la música, lograba que terminases el libro con la espectral sensación de haber hecho una amiga que, mediante la estrategia de contarte las jugadas más importantes de su vida, algo te susurraba también acerca de ti mismo, cosa que es uno de los más evidentes baluartes que todavía conserva la poesía como herramienta para indagar en el misterio del que estamos hechos.

El libro, aunque no fuera un éxito editorial –de hecho, no creo que se reimprimiera, de donde los ejemplares que aparecen ahora en el mercado de segunda mano vengan defendidos inevitablemente por precios muy elevados–, sí llamó la atención sobre aquella voz de frescura y levedad hondas, si se me permite la paradoja que no deja de ser uno de los secretos de la poesía cotidiana, o vestida de civil o como quieran llamarla, la que viene de Augusto Ferrán y Bécquer, la que hizo decir a Juan Ramón Jiménez que quien escribe como se habla en lugar de escribir como se escribe llegará más lejos, la que tiene en su panteón a los Machado y a Gil de Biedma, para que nos entendamos.

Después de unos años de silencio reapareció Mengíbar con otro libro, también publicado por Hiperión. Llevaba por título un verso de Eliot: *Pantalones blancos de franela.* Los poemas se acortaban mucho con respecto al cauce discursivo de los de su primer libro: hay más fogonazos, resplandores –también algún poema largo– y hasta un poema –en precioso homenaje a Raymond Carver– hecho de esquirlas, casi como una de esas antologías de poesía antigua en la que se van sucediendo las notas que consiguieron vencer al tiempo gracias a haber sido citadas por otros. El libro obtuvo el premio Jaén de Poesía y el jurado para explicar su veredicto habló de «un libro con frescura en el lenguaje y con originalidad en el tratamiento de los elementos más cotidianos de la experiencia humana, concebida desde una condición femenina que asume lo problemático de autodefinirse como tal a lo largo de la difícil construcción de una identidad propia, iluminadora».

Hoy en día, cuando se escriben estas líneas, es evidente que una de las señas de identidad de la literatura española actual es la eclosión de voces femeninas, atendidas por crítica y premios académicos como nunca antes, a medias por justicia (no cabe duda de que algunas de las voces más valiosas del presente son voces de mujeres) y a medias por combatir la evidente discriminación padecida en el pasado. Sobre esta cabría apuntar algo: quienes cosechan atención hoy es en nombre de quienes fueron discriminadas ayer, pero se da la circunstancia paradójica de que cuando se trata de recuperar esas voces discriminadas apenas si se les presta atención, de donde la discriminación que padecieron se prolonga. Rescates de voces muy interesantes y genuinas del pasado apenas si son atendidas mientras se recopilan en volumen las poesías completas –formadas por siete u ocho volúmenes– de poetas que apenas han alcanzado los cuarenta años. Pienso, por no fijarme en este párrafo en Mengíbar, en la poeta Inma Marcos, autora de un libro excepcional –*Bramicoinda brama un sueño*, 1984– y de otros que no le andan a la zaga. Solo el mencionado ha sido reeditado por una pequeña editorial dedicada a la poesía escrita por mujeres sin que, por lo que sé, se le haya hecho el más mínimo caso. ¿Es esa una manera de combatir la discriminación que ya padeció en su tiempo? ¿Asistir a una eclosión de voces nuevas, donde la excelencia es tan excepcional como siempre lo ha sido, mientras se envuelve en silencio a quienes tuvieron que padecer la discriminación o la sospecha? ¿No sería quizá más justo darle su sitio hoy a quienes ayer eran hacinadas, como mucho, en un vagón al que se denominaba «literatura femenina», sintagma en el que parecía que el adjetivo pesaba más que el sustantivo?

Inmaculada Mengíbar compareció en una época donde la poesía femenina en efecto se juntaba en volúmenes antológicos como si las poetas jugaran a un deporte distinto que los poetas. Ramón Buenaventura compiló un ramillete de

autoras en *Las Diosas Blancas* para visibilizar una cabalga-
ta de autoras que consideraba notables. Cierto es que por
esa época había unos cuantos nombres que se habían abier-
to paso y se colocaron en primera línea de nuestra poe-
sía: Blanca Andreu y Ana Rossetti, por ejemplo. Pero no
era cosa nueva que algún nombre de mujer brillase en las
nóminas generacionales —en el 27 Concha Méndez, Jose-
fina de la Torre o Ernestina de Champourcín, en la gene-
ración del 36 Carmen Conde, en la del 50 Gloria Fuertes,
en los novísimos Ana María Moix. Noni Benegas y Jesús
Munárriz compilaron en los años noventa un tomo que
pretendía renovar lo mostrado por Buenaventura: *Ellas tie-
nen la palabra,* donde sí incluían a Inmaculada Mengíbar.
En cualquier caso, en las antologías más o menos generales,
como *Selección Nacional* y *La generación del 99* de José Luis
García Martín, las poetas no alcanzaban a ocupar más que
un porcentaje anecdótico, y cito esos libros porque quizá
sean las más recomendables antologías de la época, en cual-
quiera de las cuales hubiera lucido con entera justicia y por
derecho propio Inmaculada Mengíbar.

Después de la publicación de *Pantalones blancos de
franela,* vino el silencio —solo interrumpido por poemas
sueltos publicados aquí y allá, o dejados dormir en un

cajón. Siendo la suya una voz tan personal, tan fresca y potente, tan deliciosa a ratos y emocionante a menudo, resultaba raro que en plena relectura del pasado para darle su sitio a autoras que o se adelantaron a la actual eclosión o formaron parte de un simulacro de eclosión como el que he referido y se materializó en las antologías *Las Diosas Blancas* y *Ellas tienen la palabra,* se haya tardado tanto en recuperar a Inmaculada Mengíbar y esperemos que en esta recuperación la autora corra mejor suerte que algunos rescates recientes que han pasado completamente desapercibidos. La poesía de Mengíbar lo merece por varias razones –es significativa de su época, abunda en piezas memorables, se mantiene tan fresca como cuando compareció con sus dos delgados volúmenes de versos– pero una de ellas me parece fundamental: como toda poesía nació en un tiempo que la determinaba y al que sus versos daban forma, pero como toda poesía verdadera su misión principal es conseguir librarse del tiempo en que nació para seguir sonando en otro tiempo sin perder un ápice de su fuerza. Ahora ya estamos en otro tiempo, han pasado casi cuarenta años del primer libro de Mengíbar y casi treinta del segundo, y sin embargo sus poemas se siguen leyendo con la misma emoción que entonces. La suya es una poesía viva en la que suena la voz de una mujer que va buscándose en medio del ajetreo de una cotidianeidad llena de perplejidades, y al buscarse, perdiéndose a menudo, consigue encontrarnos. Se sale de la lectura de sus poemas más acompañado, menos solo. Y ese ha sido siempre el signo de la poesía verdadera, más allá de toda etiqueta grupal, de todo adjetivo genérico y de todos los capítulos académicos de las historias de la poesía. La voz recobrada de Inmaculada Mengíbar merecería ser uno de los acontecimientos de nuestra poesía reciente.

JUAN BONILLA

*A Marie-Christine del Castillo-Valero
y a Ángeles Mora
y a Alicia Kapfer.*

LOS DÍAS LABORABLES

(1988)

Pero después de todo, no sabemos
si las cosas no son mejor así,
escasas a propósito… Quizá,
quizá tienen razón los días laborables.

Jaime Gil de Biedma

SESIÓN CONTINUA

VAMOS andando tan deprisa a veces.
    Video club, relaciones humanas, pub, se vende,
¿qué voy a hacer mañana?, si estuvieras
conmigo ahora, el mar.
El mar triste de las agencias de viajes,
o el de aquella postal, tierna y cursi, que nunca
me enviaste
es tan desconsoladamente verde
como las luces
de los taxis amargos del otoño.
    Y es un desesperado
abuso de desconfianza y soledad
el que me lleva
de nuevo a ti, esta tarde,
ahora que las tiendas

empiezan a cerrarse, y es hermoso
pensarte entre la gente, aferrarse a la idea
de que podrías surgir
debajo de cualquier paraguas, sorprenderme
de espaldas, tapándome los ojos y los sueños.
    Sobre todo, los sueños. Dónde irá
la gente, tan deprisa,
desandando esta ausencia de pájaros, buscando
refugio en los portales de la noche. Ahora sé
que es preciso haber muerto
muchas veces de amor
para atreverse de esta manera a reincidir
y admitir que me dueles
como un beso prohibido para siempre,
casi secretamente,
como solo la vida puede doler a veces,
o esta lluvia lentísima
de otro octubre sin ti.

TANGO DE NOCHE

Yo no sé si la quise pero andaba conmigo.

Javier Egea

Él me habló de la magia de las sílabas tristes,
del temblor de unos versos de sauce. Él me ofreció
el más bello silencio para huir a los ámbitos
y al mar de los latidos dichos a media voz.

Fue una noche alquilada a una luna imprevista.
Como sacada de una novela rosa y gris.
Recorrimos las calles del alcohol y los besos,
y yo estrené las ganas de romper a vivir.

Compartimos estrellas, recuerdos y portales
en donde era posible creer en la ilusión.
El silencio de entonces se transformó en pupilas,
y mi pasado en solo un mal poema de amor.

Yo no sé si comprendes que a pesar de su engaño
hoy no quiero morirme, que quiero anochecer

perdida en la mentira dulce de cada vaso
de luz y de ginebra que me voy a beber.

Yo no sé si lo quise, pero anduvo conmigo
una noche en que era muy hermoso soñar.
Llévame tango abajo hacia la noche aquella,
para hacerla pedazos hasta poder llorar.

[SI ENCONTRARA LA LÁMPARA PERDIDA DE ALADINO…]

SI ENCONTRARA la lámpara perdida de Aladino
o el espejo de Alicia,
me vestiría de bruja con ojos de hada buena
y te daría el secreto del pájaro encantado
o, mejor, la promesa de un sueño de manzana.

Ya sé que los fantasmas siguen dando las doce,
que hay inviernos enteros de paraguas sin beso
y tardes en que todo te muestra su factura:
el reloj y el examen que no te has preparado,
las alas que has tenido que colgar en la silla,
las ventanillas grises de adioses aparcados,
y ese timbre lejano del amor, que no suena,
esa voz que interrumpa los folios en la mesa
para decir tu nombre como una lección dulce.

Y son tristes, lo sé, esos momentos hondos,
interminables, en que
las esperanzas son como fichas gastadas
y el futuro tan solo un juego estropeado.

Pero te quedan todos los sueños por delante,
mil arcoíris que
apostar a la luz
y soles y más soles que aguardan el preciso
colorín colorado de los cuentos.

[ERA ESCUCHAR A BACH...]

ERA escuchar a Bach
el café recién hecho
y las islas moradas del crepúsculo. A veces
salir de clase y cinco mil semáforos
guardias atascos niños
autocares y cláxons
señoras lentas bolsas escaparates coches
corriendo clandestina
un ascensor en vilo esperándome cómplice
y mi uniforme azul. Entonces era
tirar los libros la nostalgia el frío
mirar fotos antiguas léeme
otra vez el poema de la luna
y esa forma tan tuya de callar de decirme
que un día vas a llevarme
al mar cuando oscurezca
para ver las primeras gaviotas de la noche

esa forma
tan tuya de decirme y las islas y el rojo
de la tarde cayendo
y esa desolación de los tejados grises
y de los pantalones tendidos
balanceándose
las camisas sin nadie
sobre la alfombra
quietas y ya solo las islas y ya solo tu boca
y ya solo la noche rompiendo en oleadas
de oscuridad azul. De aquel invierno
conservo sobre todo
el recuerdo de un frío casi irreal de pronto
al salir de tu casa
la sensación inmensa de abandono
que me envolvía en medio
de esas calles extrañas de la vuelta
aquellas calles donde
todo era silencioso casi irreal
el irse
cerrando de los bares
algún borracho hablando de amor a las farolas
la gente haciendo cola

en las paradas últimas de autobús
gente triste
cargando con abrigos pesados como ausencias.

Era escuchar a Bach
y el café recién hecho
y las islas moradas del crepúsculo haciéndose
y deshaciéndose eran
bahías inconstantes arias tristes.

Atardeceres malva sobre las azoteas.

[ME GUSTA IMAGINARTE
SOBRE TODO EN VERANO...]

ME GUSTA imaginarte sobre todo en verano.
En aquellos veranos de mares y de mares,
sin recuperaciones de septiembre
ni ausencias que guardar.
Cuando el romance
del barco y tus primeros
zapatos de tacón,
y aquellos viajes
de playa en playa desde
el cigarro clandestino
y la postal ingenua a los preámbulos
idílicos de cada adolescente
«perdona pero creo que te conozco de algo».

Me gusta imaginarte cuando nos arriesgábamos
tras cualquier temeraria salida de emergencia
de la mediocridad. Cuando las noches.

Esas noches propicias a la luna
y a la divagación. Y tú qué piensas
que será de nosotros de mayores.

Me gusta imaginarte sobre todo
cuando aún no sabíamos las multas
que pone la inocencia a la alegría.

Y aunque ya somos casi personas respetables,
podemos permitirnos todavía
no pagar ni un impuesto
por el lujo entrañable de romper los horarios
(tú sabes, por ejemplo,
el crimen que cometo cada día
con el despertador),
de romper los horarios, te decía,
y todo lo que suene al respetable
qué será de nosotros de mayores.

[YA NO SÉ CÓMO FUE, NI DÓNDE, SOLO…]

YA NO SÉ cómo fue, ni dónde, solo
que un día me encontré con el misterio
de la luz en tus ojos
y la vida de pronto me dejó
a oscuras con el pulso distinto de las cosas.

Recuerdo tu manera de pronunciar mi nombre,
tu modo de callar
y esa forma tan tuya de coger el cigarro
y entreverme despacio
por encima del humo y nuestras propias sombras
o el tono de tu voz cuando empezabas
a anochecerte o cuando
la agencia de viajes
que nos hacía arribar
en islas y parajes de cine, cuántas veces
recorrimos Venecia sin movernos

de ese espejo cuajado de promesas
que era el escaparate y nos fotografiamos
bajo soles inmensos
o entre carteles grises que hablaban de la lluvia
o tal vez del abrazo, no sé, lo que recuerdo
con toda exactitud es la sonrisa,
la tuya, alta, creciéndote,
y a nosotros, riendo, riendo con las ganas
que inconfundiblemente
presta siempre el amor.

A veces, al pasar por las calles de entonces,
sobre todo si llueve o empieza a atardecer,
me asalta una nostalgia de portales furtivos
que hace que me pregunte
qué habrá sido de ti, de tu sonrisa,
de los ojos aquellos
donde perdí el misterio de la luz
y la vida
nos empezó a dejar a solas con el pulso
distinto de las cosas.

[MIRA LA NOCHE ABIERTA
DE PAR EN PAR...]

MIRA LA NOCHE abierta de par en par. La gente
se acoda en la terraza, se mueve entre las copas,
va y viene de la sala de música al alcohol,
y hay risas, y un verano dudoso en las miradas,
y entre otras cosas se habla
de cómo pesa julio para bailar despacio,
y todavía hay quien
se atreve a comprobarlo
besándose detrás del tocadiscos.
Quiero decir, nosotros, amantes clandestinos
de un cuarto de hora apenas. Lo demás,
simplemente, nosotros y el pretexto
de descubrirnos solos, extrañamente solos,
tiernamente empujados al borde de acabar
con nuestras soledades de repente.
Todo así, demasiado preciso, demasiado
—cómo diría— vulgar, sin esa chispa

siquiera de malicia, de pudor o misterio,
sin todo eso
que requiere la trampa
para la contraseña del recuerdo
y la complicidad.
Simplemente, nosotros, sin saber hacer frente
al whisky y a la noche
que nos brilló en los ojos
—sobre todo al cerrarlos—
con algo de mentira y de verdad.

[*EL MISMO OLOR*
A TIEMPO DESPEINADO...]

El mismo olor a tiempo despeinado.
Las mismas calles, los mismos semáforos,
la farmacia de enfrente, el Café de los poetas
tan solo como el aula que esta tarde me ha hablado
de ti en literatura. Y es idéntico
el inefable tacto de la noche en mis hombros
desnudos al calor del misterio o el verso,
y el modo con que acuden a mis ojos portales,
la memoria de calles con parejas lentísimas,
meses, fechas, andenes, madrugadas, al roce
de azahar de esas noches
que aún me reconocen como suya.

El mismo olor a tiempo despeinado.
Va surgiendo una hilera dorada de farolas
que hace temblar un resto
de oscuridad en tus labios. Y una niña

se deshace en latidos más allá de tus ojos
mientras tú te demoras
destrenzándole el
miedo.

Cuánto silencio
acumulándose
en el espacio breve de una boca a otra boca
hasta fundar el beso. Cuántos años,
para al fin descubrir qué lejos, sí, qué lejos
se hallan siempre dos cuerpos que se aman.
Todo aquello que nunca llegamos a decirnos
en aquella ciudad de otoño,
me habla
con tu acento de cosas perdidas para siempre.

Y desde algún lugar
del desamor acaso, del olvido
de aquello que tal vez me hizo feliz un día
—tus manos o tu piel— me llega ahora
un olor de azahar que me envuelve y que besa
dulcemente mis ojos, mis labios, un momento,
mientras cierro el balcón.

[LA MIRADA DE NIEVES
SE ABRE POR LAS NOCHES...]

La mirada de Nieves se abre por las noches,
se abre de par en par, sin hacer ruido,
roza la oscuridad por un momento
y se apoya en la luz. La de sus ojos
es una luz con algo de flash y de linterna,
de detective en busca de la clave precisa
saltándose los pasos de cebra del color.
Las nueve y cuarto, el tiempo
parece detenerse
y es como una nostalgia que se queda en las cosas,
que demora su pulso en las calles sin nadie,
que contiene el desgarro
de un horizonte abriéndose
o el cuchillo de luz
con el que apunta
la farola a la calle.
La mirada de Nieves se abre por las noches,

se abre de par en par, sin hacer ruido,
y se apoya en la luz de las calles sin nadie
y es como si siguiera la pista de un olvido.

[*SI ES DE NOCHE*
Y TE ACUERDAS DE LA LUNA...]

SI ES DE NOCHE y te acuerdas de la luna
y estás solo en tu casa rodeado de pasillos
de libros de periódicos
de silencios que empiezan a hacerse cada vez
más intrusos sin sueño
y sin saber qué hacer si has apagado
más de veinte colillas por hora y te das cuenta
de que te va a asaltar de golpe la nostalgia
las cosas importantes lo que el viento
se llevó el desconsuelo y una provocación
de invierno va acechándote
inexorablemente
desde el hielo del vaso que acabas de coger
probablemente
si es de noche y me acuerdo de la luna
y estoy sola en mi casa rodeada de pasillos
de apuntes y de exámenes

de fantasmas antiguos que empiezan a salir
del flexo y las cortinas de poemas
que nunca consigo terminar casi seguro
si es de noche y te acuerdas de la luna
y te da por mirar las luces de la calle
y me da por pensar
en los portales
tan verdes y tan negros de tus ojos
y me da por pensar
si estás solo en tu casa rodeado de pasillos
de libros de periódicos
de discos que de pronto se empiezan a rayar
probablemente
si es de noche y te acuerdas de la luna
y andas de bar en bar detrás de la mañana
buscando en la ginebra de unos ojos distintos
la dirección del mar si has rechazado
más de veinte cinturas por hora y me doy cuenta
de que me va a asaltar de golpe la nostalgia
las cosas importantes lo que el viento
se llevó el desconsuelo
los fantasmas antiguos que empiezan a salir
del flexo y las cortinas los poemas

que nunca consigo terminarte si es de noche
si es de noche y me acuerdo
de la luna y tus labios.

[LA LUZ DEL CUARTO AQUEL...]

LA LUZ del cuarto aquel
era provisional como las cosas
demasiado sublimes. Se fue entrando
despacio, suavemente, haciendo tiempo, igual
que una amenaza dulce y presentida,
y se quedó flotando entre las sábanas.
Dime que no es verdad este momento.
Dime que no es verdad. Tú no me oías.
Tú dormías aún, seguro, ajeno
al vértigo de aquella plenitud
que lo invadía todo. En ese instante
empezamos a vernos amanecer, y yo
fui descubriendo qué era la ternura
en tu boca,
y el tacto de ser libre
entre tus brazos.
Quisimos retener entonces toda

la luz del tiempo aquel en nuestros ojos,
y guardamos silencio
como quien calla un miedo,
y tú dijiste algo
acerca de la vida, y que era el último
sol de noviembre, el último, ¿recuerdas?

DE ENTRESEMANA

Entre besos
que nos duran el tiempo de un semáforo
y un poco más; porque decir mañana
es casi discutir el más allá.

Luis García Montero

[ME PROPONE CENAR
EN RESTAURANTES CHINOS...]

ME PROPONE cenar en restaurantes chinos,
ir a algún sitio nuevo para tomar café
—cualquiera con un mínimo
de exotismo y que invite
a la conversación: los pubs son ruido,
el ruido es sexo y, eso, el enemigo
peor de la amistad civilizada—
y yo pido una copa,
siempre pido una copa de más, por si me obligo
—de esta noche no pasa— a declararme
definitivamente
en huelga ante sus ojos. Un minuto
más de conversación
y me suicido.

[SUPÓN QUE AHORA TE DIGO
QUE TE QUIERO...]

Supón que ahora te digo que te quiero,
que te he querido siempre, aunque tal vez
se trate de esta música,
de cómo huyen los árboles, la avenida y el tiempo
en el retrovisor. Se van, se quedan,
como tu voz, tus ojos, cuando ya no estás tú,
las palabras hermosas que rescato cuando hablas
o esos paisajes tristes que una vez vimos juntos.
Quizá sea la música, no sé, pero se llena
el corazón de pronto de lunas que se quiebran,
de farolas y adioses,
de ojos verdes, lejanos,
de boleros prestados para decir te amo.

Supón que ahora te digo que te quiero.
Y qué importa, las noches
son tan descaradamente mentirosas.

[PUDIERA SER QUE AHORA, DE REPENTE...]

*... y la vida
es cada día un asunto
más y más sospechoso.*

Álvaro Salvador

Pudiera ser que ahora, de repente,
vinieras.
Que irrumpieras de pronto
al torcer esta esquina de la tarde, a la vuelta
del recuento diario de todas las nostalgias,
a la hora en que se dan
de baja los te quiero
de las cartas y caen
los antiguos propósitos de enmienda, como el día:
con algo de traición. Pudiera ser
que llamaran de súbito de todos los teléfonos
y todos los carteros en paro se lanzaran
a mi pulso a la vez,
con mensajes en blanco,
como una descarada

provocación, no sé, como una urgencia
de aventura quizá. Pudiera ser
que un portazo imprevisto de silencio
me abriera
tus labios y el momento
más bello de morirse para nunca.

[POR MÁS INTERRUPTORES QUE EL OLVIDO TE OFREZCA…]

POR MÁS INTERRUPTORES que el olvido te ofrezca
no podrás apagarme jamás en tu memoria.
Yo estaré en la salida de los cines de invierno,
y acaso en la del sueño,
esperando en la luz de tu mesilla
como una maldición. Por más que intentes
numerar las sesiones del recuerdo,
yo te perseguiré. Y ahora
que aún es tiempo de amarnos, subiré
al primer tren que lleve nuevamente a tu vida,
tomaré el primer taxi de luz para buscarte,
cruzaré los semáforos en rojo, las señales
prohibidas que me tiendas,
y al fin me habrás de amar, ya sin remedio,
tú me tendrás que amar —sesión continua—
cuando por fin la noche
nos encienda.

[EL RECUERDO...]

EL RECUERDO,
ese experto fotógrafo del pasado en color,
me revela esta tarde las imágenes
de un tiempo más hermoso
que el de hoy, más luminoso
al menos que esta tarde plomiza de diciembre.

Imágenes hermosas de otro tiempo
que sin duda viví. Hoy viejas fotos
donde aparezco alegre, feliz, con la mirada
extrañamente llena de extraña juventud.

Probablemente en casi todas
río. Curiosamente en todas
faltas tú.

[QUIZÁS ES QUE LA LUNA
SE OLVIDÓ DE NOSOTROS…]

Quizás es que la luna se olvidó de nosotros,
de venir a buscarnos en medio de estas ruinas.
O quizá sea mi forma de estar sola contigo,
este paisaje aún
teñido de violeta
o los escombros malva de la tarde cayendo
sobre mi corazón: puedo morirme
solo con que te acerques a ofrecerme
fuego. Y tú me hablas.
Mientras andamos me hablas
en todos los idiomas,
descifras jeroglíficos
extraños para mí,
me ayudas a bajar
escaleras de tiempo
y me tratas de usted cuando los pasadizos,
cuando el jardín un poco melancólico, cuando

el mirador, el puente desvencijado, el miedo,
y a mí me entran ganas
de tirarme a tu cuello,
unas ganas tremendas de coger y abrazarte
y luego asesinarte sin que nadie se entere.
Quizás es que la luna se olvidó de nosotros.
Estas calles aún
teñidas de violeta
o los escombros malva de la tarde cayendo
sobre mi corazón. Lo cierto ahora
es que podría morirme silenciosa en tus labios
hasta el anochecer, hasta ese día
en el que al fin consiga pasarme de las rayas
de tu camisa, ver
ese paisaje tuyo, tan secreto,
y alguna vez me pierdas
el respeto y me lleves
a la calleja azul de lo prohibido.

CARTA DE AJUSTE

Después de tanto amor y de tanto fracaso.
Claudio Rodríguez

El destino se disculpa.
Juan Carlos Rodríguez

Y si amo el mundo solo es
por su violento e ingenuo amor sensual,
así como, confuso adolescente,
lo odié un día, cuando en él me hería
el mal burgués que en mí –burgués– había.
P. P. Pasolini

[LENTAMENTE, LA VIDA...]

LENTAMENTE, la vida
fue pasando en silencio como un invierno triste,
como un invierno lleno de gente solitaria
saliendo de los cines,
abrochando despacio sus abrigos, su miedo,
tal vez su indiferencia, quién sabe, sus recuerdos
ateridos de frío. Lentamente,
bajo un reloj de sol ficticio de domingo,
bajo estrellas puntuales que guiaban los sueños,
se iba alejando el mar,
mientras se sucedían los otoños, sus hojas
cayendo entre mis versos,
las semanas, los meses de lluvia en los cristales
de todas las ventanas que daban a la vida
y la tristeza era
un autobús lentísimo
que iba parando en medio de la noche.

Y ahora estás aquí. Qué claramente
puedo volver a ver tu cuerpo entre las sábanas.
Casi de madrugada, mientras duermes y alumbran
las farolas apenas la habitación, abajo
se confunden las luces de neón con la lluvia
y hay paraguas y coches y cazadoras negras,
gente que entra y sale de los últimos pubs,
un oscuro calor de ginebra y de olvido
o acaso esa manera de estar solos de noche.
Y parpadean las luces de colores, los rótulos
comerciales y brillan
en ese río negro
del asfalto los faros
de algún coche que arranca,
de algún taxi que pasa dejando estelas verdes
de luz. Puedo escuchar
vagamente una música lejana que me lleva
dulcemente al sonido
de tu respiración. Qué extraña ahora
esa ciudad oscura donde crecí, sus calles,
su latido cansado de historia detenida,
sus estaciones lentas, sus andenes de otoño,
sus trenes imposibles, sus sueños para nunca,

y aquella soledad
latiendo
como un pájaro,
como un miedo pequeño que cabía en las manos.
Y aquella luna triste de todos los armarios.
Esa ciudad que me hizo crecer tan solitaria,
que me enseñó a morir con los días de lluvia.
Y ahora estás aquí. Qué claramente
puedo volver a ver tu cuerpo entre las sábanas.
Casi de madrugada, mientras duermes y alumbran
las farolas apenas la habitación, me acerco
muy despacio a tu cuerpo desnudo que ahora duerme,
que ahora me hace pensar
en la vida, con esa sensación tan extraña
que nos presta la noche,
el alcohol o los labios que se acaban de amar.
Tus labios, que un momento
beso muy suavemente,
muy levemente, casi
con miedo y con dolor,
y me escondo detrás de tu espalda dormida
para que la tristeza ya no pueda encontrarme.

Si bastara olvidar para empezar de nuevo.

Igual que cuando pasa una ambulancia
uno se siente en medio de sí mismo de pronto,
detenido un instante al borde de sí mismo,
así a veces me siento cuando cruza
esa ciudad oscura mi recuerdo.
Entonces,
acudo siempre en busca de alguna cosa tuya,
tu voz, ciertos momentos
de silencio, tu risa,
un beso tuyo que
aún guardo entre mis labios
y este reto de hacer
más hermosa la vida sobre todo.

Las mañanas de sol me recuerdan tu cuerpo.
Me hacen volver a ti, recién amanecida,
mi corazón cruzando casi en sueños la vida
dc tu piel a mi piel.
Y aquella habitación, la luz aquella
primera del deseo
invadiéndolo todo. El mar de sábanas

y nosotros igual que náufragos hermosos
abrazados en medio de la espuma.
Después, frente al espejo, acariciada
por el suave tacto de tu ropa,
a solas un instante, de puntillas,
recuerdo que la vida,
desde dentro
de la camisa azul de tu pijama,
se hizo de pronto clara, llena de sol, radiante,
impúdica y terrible
como nunca,
y me sentí más cerca que nunca de mí misma.

Si bastara olvidar.

Pero también aquí la vida es mentirosa.
Y a veces es la tarde que no acaba de irse,
su chantaje poético,
una red de nostalgia queriendo retenerla.
A veces son las noches lentas como el olvido,
los momentos en que uno
se busca inútilmente, la consciencia
de que te sigo amando, sobre todo.

Y está la resistencia de los días de lluvia,
las tardes de domingo, los sábados sin nadie,
las facturas que pasan el sueño o la memoria,
esas letras vencidas de las frases de amor.
La soledad, el cierre
por defunción de todo,
cuando todo parece, como hoy, tan ajeno.
Y duele esta manera de andar sola, hace daño
como un invierno triste
tanta espera,
después de tanto amor y de tanto fracaso.

Quién sabe si después de tanto desencanto
no volverá el destino a disculparse.

PANTALONES BLANCOS DE FRANELA

(1994)

A Luis Muñoz y Luis García Montero

*Pues conocer a una persona, conocer
un lugar, iba a decir conocer una hora
pero no quisiera ofender a nadie, y luego
no darle ningún papel más en la vida de
uno, es como si, no sé cómo decirlo.*

Samuel Beckett

1

¿NO SE TE OLVIDA NADA?

DESAYUNAR croissants en hoteles de mil estrellas. Despertar
viendo el mar a través de palmeras inmensas,
buscándonos después de habernos sumergido
en nuestras propias olas
y volver a la orilla entre risas de sol y zumo de naranja
empapados de besos. La droga de vivir
pendiente de la droga que era tenerte cerca
(aunque pensar en ti
fue también una forma de tenerte conmigo
durante tantos años),
el terror de los sueños a hacerse realidad
y un miedo inconfesable a no tener excusas,
todo parece hoy tan lejano y tan mío.

Escapar de algo juntos hacia nunca.
Hacia siempre.

O dejar que el azar hiciera de las suyas
y eso nos perdiera.
Escapar de algo juntos.
Tener la vida entera para escondernos
y (¿por qué no me dijiste todo esto, entonces?)
tener el tiempo justo para meterlo todo
en un poco de tiempo:
la playa, las camisas, los paseos, los libros,
los ratos de silencio, las caricias, las huidas,
las trampas peligrosas donde caemos a veces,
las palabras que al fin terminan rescatándonos,
esos vaqueros claros,
la cinta de Iggy Pop que te grabó tu hijo,
los pantalones negros que te sientan tan bien,
y la cena de anoche,
el postre que pedí de nueces y de fresas,
lo que estuviste a punto de decirme
y callaste.

Desayunar croissants en hoteles de mil estrellas.
Despertarnos
entre un oleaje de coches que se abren

como barcas al mar
—la Gran Vía bebiendo el sol de la mañana—
y un cielo transparente de agua mineral.
La droga de vivir.
Tener el tiempo justo para meterlo todo
en un poco de tiempo:
la chaqueta de cuero que llevabas
el primer día, los planes para volver a vernos,
el colchón en el suelo,
las bebidas de anoche a medio terminar,
una imagen de ti con el pelo mojado
saliendo de la ducha,
el tacto de tu piel todavía en mis dedos,
los vaqueros oscuros,
esa camisa blanca que te sienta tan bien,
las ganas de reír en plena madrugada.
Vámonos. Todo listo.
¿No se te olvida nada?

Ya en el taxi,
buscábamos palabras para decir adiós
y encontrábamos besos.

Y después, al llegar a la sala de embarque…
Mejor no recordar el aeropuerto.

(La realidad no dura mucho tiempo.)

CON ÉL NO TEMO LA MEDIOCRIDAD

Stendhal

BUENA DISPOSICIÓN

¿Para tres días tantas maletas?
Me pregunta.

Él viene con lo puesto. (No lo puedo creer.
¿Es que no va a cambiar
siquiera de chaqueta?)

Al instante me acuerdo de unos versos de Donne.
(Como un feliz reproche): *Ea, pues,
¿qué más ropa necesitas que un hombre?*

LA ATRACCIÓN DE LOS OPUESTOS

Y COMO soy tan aire
—le explicaba—,
solo puedo quedarme junto a alguien
si sabe retenerme.

Y él, tan tierra:
¿Y cómo se coge el aire?

PÁLPITOS

AUNQUE no sabe qué es,
me lo confiesa:

Tienes
lo que he buscado siempre.

(Y yo, aterrorizada, me pregunto:
¿Qué hará cuando lo encuentre?)

«PIENSO: LUEGO EXISTO»

Por más que se le crea domado, el corazón,
que es un pura sangre,
se desboca

cuando menos
se piensa.

(¿Y si lo dejo ir?)

PREVER MI MUERTE

Nor law, nor duty bade me fight.
W. B. YEATS

CREES que estás por encima de todo,
¿no es cierto?
Le gritaba
—eso era lo acordado
ante una emergencia de regreso—.

Entonces él tomó con dulzura mis manos
en las suyas y
empezaron mis dedos,
hechizados,
a abrirle su traje de aviador.

SIGNOS DE ADMIRACIÓN

ESTAMOS en la playa y casi grito:
Dios mío, es un milagro que estés aquí, conmigo.
Él dice: No exageres, con ese tono escéptico
que pone algunas veces en lo que no le gusta
y que hasta este momento
no recordaba yo que me crispaba tanto.

Entonces me dan ganas de decir: Mira, vete
si quieres por ahí,
pero a mí déjame con mi milagro, ¿vale?

DON DE LENGUAS

Después de todo, sé
que hay ratos que me quiere
y que hay ratos que no.

Me los hace saber, unos y otros,
a cada cuarto de hora,
de una o de otra manera.

Debería bastarme. Y sin embargo tengo
la misma sensación que cuando le oigo
a ratos en inglés, por teléfono, y luego
haciendo otra llamada en italiano, para
más tarde hablar con alguien en francés,
hasta que finalmente
regresa al español al hablar con sus hijos.

Yo, en la cama, tendida boca abajo, hojeando
El País Semanal,
hago como si no me enterara de nada.
Y la verdad:
no me entero de nada.

MOVIMIENTOS DE TIERRA

Y en el momento justo
en que baja mi boca a beber en el agua
de sus labios, dice
mi nombre muy despacio
y muy deprisa, igual
que si se estremecieran los cimientos de su alma
y se abriera su cuerpo en un abismo
detrás de otro, un abismo
detrás de otro.

¿No es para morirse?

ÍCARO

ME DICE que le doy cien mil vueltas.
Que cómo
puede ser.

(¿Y qué se hace
antes de salir de un laberinto?)

COSAS DE MUJERES

PERO seamos realistas:
Penélope, cosiéndole,
no es más feliz que yo
ahora mismo rompiéndole
la cremallera.

UNA PELÍCULA

MIENTRAS veo los *Gremlins* en la tele,
he pedido que suban un whisky y un café.

El café es para mí.
Para él, que me dijo hace una hora
que iba por tabaco y que volvía hace media,
el whisky.

¿Por qué me empeñaré en estar tan despierta?

UN EDIPO COMPLEJO

PARA CUANDO mi padre
me dio las alas,
yo
había tenido tiempo de construirme
un avión.

EMPIEZO A PERDER LA IMPACIENCIA

AHORA soy una copa de champán
sin burbujas. Inútil
que intentes agitarme.

THE STORY OF OUR LIVES,
DE MARK STRAND

DESPUÉS de este silencio,
qué nos queda.

Me conmueve mi propia soledad, mientras leo.

¿Así que
esta era la historia de mi vida?

Me recuesto y te miro
envejecer sin mí.

AFECTOS ESPECIALES

Como algo inevitable que se va posponiendo
y acaba por llegar,

me agarro de tu nuca
para no despeñarme
en el abismo
de mi propio deseo,

pero tu cuerpo es también un precipicio,
y tu boca un abismo de beso último y triste.

¿Y ahora
qué va a ser de nosotros?

AUTOMÓVILES SIN MARCHA ATRÁS

Y porque sí,
al llegar a un cruce dividido
en cien mil direcciones,
ni una sola señal,
ni un solo coche amigo,
cinco horas parada bajo el sol.

¿A qué esperas?

Arranco,
acordándome en alto de toda tu familia.

(Hay cosas que no pueden elegirse.)

LOS HOMBRES NO LLORAN

VOLVERÉ a por ti,
me grita en un sollozo contenido
—después de rechazarme—
igual que un marinero desde un buque de guerra.

¿De modo
que éste era mi Ulises?

2

DOS ROMBOS

Los FANTASMAS existen.
Tienen nombre.
Conducen BMWS o FIATS impecables
y se presentan siempre en plena noche
—todo está calculado—
con sus camisas blancas como una luna llena,
sus sonrisas perfectas
y también ciertas canas que sorprenden,
imprevisiblemente, en el espejo brillante de tus ojos.
Puedes reconocerlos por la copa en la mano
—una presentación de libros, por ejemplo,
en Chicote o en Cock—
y esa forma de andar de quienes saben
qué azar han elegido
casi siempre. Te llevan
a un chalet adosado
con muebles de diseño.

Suelen ponerte música:
¿Prefieres Dire Straits, Haydn, UB 40?
Te hacen fotos desnuda mientras estás dormida.
Teclean tu sonrisa en distintos idiomas.
Enchufan poco a poco la impresora en tu cuerpo
y te dejan el alma perdida de disquetes
y te dejan la piel perdida de caricias
y te despiertas sola la noche de después
y la noche es tan negra como sus ojos
verdes.

Pueden atravesarte el corazón
como un rayo de sol en una habitación a oscuras,
como un beso
atraviesa los labios,
y al igual que un mal sueño
desaparecen siempre con el día.

Toma nota:
Los fantasmas existen. El contacto con ellos
sirve para quitarnos definitivamente la vergüenza
y el miedo.

MIRA LA CUENTA,
PORQUE TENDRÁS QUE PAGARLA

Bertolt Brecht

FE

Me dice, por teléfono:
Pero no es eso,
¿o es que no lo ves?

(Y no me creo nada:
Tengo dificultad para ver a 500 kilómetros.)

KARMA

En los últimos años,
Ulises y Penélope
han realizado algunas visitas a una bruja:
Siempre salía yo.

Y por más que él negara cualquier cosa,
me dice que Penélope
se ha puesto como loca a restaurar las redes
y a la vez a buscar apartamento.
Y que ahora es el fin.
Que por eso ha venido.

Cuando me lo confiesa,
todo esto me deja no sé cómo, de pronto.

INSPIRACIÓN

De los poemas, a veces,
como de tantas cosas en la vida, uno sabe
con más seguridad el final que el principio.

Basta verlos venir.

EL CORREDOR DE OBSTÁCULOS

Me comenta una amiga
(mala amiga):
Basta con verlo andar.
A una legua se nota lo que tiene corrido.

BRUJERÍA

I

OBSERVO estas pequeñas bolitas de cristal
que son lágrimas,
y me veo a mí misma paseando contigo.
Mejor dicho: Me veo toda una larga vida
paseando contigo.

¿Y por qué lloro, entonces?

II

No eres tan transparente
como estas diminutas bolitas de cristal
por las que puedo verte.

UNA BROMA PESADA

¿Cuánto va a durar esto?,

burbujeó el más joven de los peces
desde
el centro del acuario.

Los demás acercaban su naricita al vidrio
como
si no fuera con ellos.

PESADILLA

El eco de tus pasos,
uno a uno,
alejándose en medio de la noche.

El pomo de una puerta
girando como un mundo que, de pronto,
no puede abrirse.

La impotencia final.
El plazo último.

Y un silencio que pide a gritos que lo escuchen.

FRENAZO

A 200 por hora
con un sol de agosto persiguiéndome
y a mi derecha el mar rugiendo como un loco.

Súbitamente algo que oí ya no sé dónde:
Tú dices que te mato.
Yo digo que te suicidas.

LECCIONES DE ÓPTICA

Esa línea que forman
dos cuerpos abrazados y dormidos
y
que no es el horizonte, se confunde
–sobre todo de noche– con un cielo
que no es el cielo.

Recuérdalo.

PISTAS

¿Qué nos habría impedido regresar?

Un motivo
del que apenas sabemos que existe en cada uno
de nosotros, algo que decide por mí,
como si se tratase de una oscura fatalidad,
me lleva nuevamente a tu lado
cada paso que doy creyendo que me alejo.

Saber que la tristeza
es solo una manera de mirar,
hay momentos que sirve de tan poco.

3

LOS BOLSILLOS DE MI ALBORNOZ
LLENOS DE NOTAS

(Raymond Carver)

EMPEZAR un poema que se llame
motivos personales. Terminarlo.

*

Todo el día sabiendo que no estás.

*

Cuando él te dejaba
tan llena,
que no encontrabas sitio para ti.
Sacar algo de esto.

*

Pero cierro los ojos y puedo acariciarte.

*

Aquí ha tenido algo que ver la lluvia.

*

Y el corazón
que hace las cuentas por su cuenta.

*

Romper los malos versos
definitivamente.

*

A menudo pensamos que no está
lo que solo ha cambiado de sitio.
(Ojo).

*

Cuenta Stendhal la anécdota
de un viajero inglés que vivía con un tigre:
«Lo había criado y lo acariciaba,
pero siempre tenía sobre la mesa,
cargada,
una pistola».

*

Una palabra
¿y todo habría sido distinto?

*

Y sobre aquella especie de amuleto plateado
prendido en su chaqueta,
que me hizo esconder
—era un regalo de ella— a media noche,
no escribir un poema.

*

El día de después. La noche de antes.

*

El beso que le di
—aquella noche de antes del Congreso—,
sin querer, en el cuello,
y los meses de luego castigada
sin verme.

*

Vuelve a escuchar a Beckett:
«¿Veré, finalmente,
mi rostro iluminado por una sonrisa?
Tengo la impresión de que
se me evitará ese espectáculo».
Grabártelo
en la cabeza.

*

Ahora o nunca.

*

Me miro en un espejo:
¡Así que ésa soy yo!,
descubro sorprendida.

Y, para asegurarme,
me pincho en cualquier sitio del espejo
un alfiler: ¡No duele!

*

Sigue y suma.

*

Quítate la corona en mi presencia
—gritaba a su marido
una reina
a la que ENFERMABA la ostentación—,
¿me oyes?

*

Florecen las estrellas para mirar la noche.

*

Y ahora que agosto ha vuelto,
pensarme bajo el sol en la piscina
tan fría de tu cuerpo.

*

El poema de la barra espaciadora.

*

Para existir realmente,
hasta una palabra necesita
guardar cierta distancia entre ella misma
y otra palabra.

¿Entiendes?

*

Terminar el cursillo sobre técnicas respiratorias.

*

Reírte.

*

¿Continúo?

*

Todo el día sabiendo que te has ido.
Que te he dejado ir.
Que no voy a buscarte.

TODO LO DECISIVO SURGE
«A PESAR DE»

Friedrich Nietzsche

ESTO YA NO ES UN CHISTE

Soy un coche tirado al fondo de un barranco: se me fueron los frenos.

TOMÁNDOME UN GIN TONIC EN MI CASA

OLVIDAR
es difícil.
Lo mismo que planchar una camisa
o que meter en el congelador
los cubitos de hielo.

O sea, que requiere su trabajo
y no poca atención.

Al final queda siempre alguna arruga.
Al final se derrama un poco de agua, siempre.

COMPROMISOS

VOLVER a verte, amor, desocupado.
Un día, libre al fin. Un día libre.
Quiero decir, toda una noche. Oírte
desde mi habitación, ya casi en sueños,
aparcar en mi casa, tomar el ascensor,
subir, subir, subir, muy lentamente,
como si nunca fueras a llegar,
y descolgar el tiempo, que no suene mañana,
o, si acaso, decirle que no hay nadie, que estamos
con fiebre o en la cama
recuperándonos.

CLAVES

ALGÚN día perder un amor
—este amor—
será como olvidar las llaves de mi casa
en algún sitio irrecordable, y dónde
dormir por esta noche
y con esta tormenta.

Y al día siguiente aquí,
regresando de nuevo,
y cerrando y abriendo la puerta
(y otras cosas)
con otras llaves.

EL OFICIO DE POETA

ME viene bien que te hagas de rogar.
Me hace falta
para escribirte estas pequeñas oraciones,
si no dignas de un dios,
sí adecuadas a los favores que me haces
de vez en cuando.

EL MÉDICO DE MI HONRA

(P. Calderón de la Barca)

Apunta lo que sueño cada noche.

Debe llevar la cuenta
de lo que todavía me da terror
hacer.

UN FIN COMÚN

¿QUÉ le dijo la llama a la cerilla?

Al prenderse, la llama le dijo a la cerilla:
Estaría
toda la vida así.

CASUALIDADES

CADA recuerdo tiene
su peculiar manera de llamarnos,
de decir nuestro nombre y de tendernos
sutilmente sus trampas.

Con el tuyo me ocurre
—suelo reconocerlo a la primera— igual
que te sucede a ti con las sirenas
como yo,
que de pronto
no las quieres ni ver.

EN LAS NUBES

Nunca más.

Porque luego, entre otras cosas,
¿a quiénes reclamar si no se abre el
paracaídas?

DESENGAÑO

Donde hay rencor ocurre lo mismo que en las cárceles: que siempre hay alguien preso.

LA FUERZA DEL DESEO

ME PREGUNTAN por ti.
Yo no quisiera ni pronunciar tu nombre.

Sé demasiado bien
qué ocurre cuando llamas a las cosas:
que vienen.

Sé demasiado bien qué peligro se corre:
el de que vengan.

PERDIDA

Y NADIE en recepción podrá impedir
que suba,
porque todos me miran con tus ojos
y saben que lo haré.
Saben que vuelvo
a las andadas siempre,
una vez olvidado el número del cuarto
donde tú
no has entrado conmigo.

ENTRE DOS AGUAS

No me puedo dormir y todo me da vueltas.

Se me junta un amor con otro amor,
con otro cuerpo un cuerpo,
con otro nombre un nombre.

La oscuridad es total.
Cierro los ojos y
te sigo viendo doble.

No me puedo dormir y todo me da vueltas.
¿Estos son los efectos del amor?

Abro los ojos y
me sigo viendo doble.

¿Dónde estás?

AMORES IMPOSIBLES

DURANTE una milésima
de segundo en un cielo
negro como el cansancio,
a un relámpago
venido de muy lejos
le dio por preguntarse:

¿Y si descanso aquí?

CUENTO CHINO

ELLA DIJO: No puedes marcharte ahora a la guerra
dejándome a mí en este papel, abandonada.

Él la dobló despacio llenándola de besos
y la metió en un sobre,
el cual depositó encima de una mesa.

Cuando volvió y lo abrió, después de mucho tiempo,
me encontró convertida en girasol.

No pudo conseguir que lo mirara
nunca más a los ojos.

ME FALTO YO

DEFINITIVAMENTE:
No puedo vivir sin mí.

¿Me oyes?

JUEGOS PELIGROSOS

Aunque he perdido todas las demás,
es la última
partida la que cuenta

y esa no la he jugado todavía.

4

ME PONDRÉ PANTALONES BLANCOS
DE FRANELA Y PASEARÉ POR LA PLAYA

T. S. Eliot

SIN TÍTULO

Alguien me dijo un día:
En tus ojos he visto la mirada
de un gavilán. El fuego
de su vuelo implacable.

Los gavilanes no comparten nada.

Y yo recuerdo el bosque de árboles oscuros
de las últimas tardes
donde morir contigo habría sido tan fácil,
una vaga tristeza
anterior a mí misma,
como un presentimiento de que todo
sería idéntico siempre. Y recuerdo
aquel mar de la noche llegando hasta nosotros
con su lento oleaje de gaviotas grises.
Una ciudad de lluvia.

Tu cuerpo junto a mí.
La certeza de haber llegado desde siempre.
El miedo de tener que volver siempre un día.

Y amores como otoños de jardines
abandonados y chimeneas encendidas.
Luces de mil ciudades a lo lejos, brillando.
Mil mañanas de sol y yogur de limón
con trocitos pequeños de manzana
y besos que son dulces y se pueden pensar
despacio a solas luego,
como un juego. Aeropuertos
que al final conseguían separarnos.
Malecones de bruma desde donde tirarme
al mar hecha cenizas.

Con todo, no consigo habituarme
a vivir en 3 metros cuadrados de recuerdo.
No consigo adaptarme a los sitios oscuros,
los espacios cerrados,
los amores eternos,
al nombre de imposible con el que designamos
lo que nos es molesto de buscar. Y me aterran
las aguas estancadas, el olor a podrido, los poemas

por donde no entra el aire
y, a veces, el empeño de mirar la pendiente
mientras subo a la cima.
Igual que los imanes
que no tienen la fuerza de atraparnos del todo,
los lastres que nos hunden los barcos y la vida
me hacen sospechar.
Mi sensibilidad se viene abajo
si no cumplo el 90% de las veces
las promesas que hice.
Soy capaz de matarme por un trozo de mar,
por un rayo de sol que me atraviese entera,
por una frase que
me diga lo que nunca
me había dicho nadie. Y sin embargo,
sistemáticamente dudo de las palabras
y de los versos libres.
Ponerme a prueba es un ejercicio duro
y agotador de estilo: palabras que me alcancen
a 200 por hora
cuando más necesito contar conmigo misma
y no logro encontrarme.

Y que a mí no hay cajón, ni (me callo) que pueda
conseguir encerrarme
más tiempo de la cuenta,
es algo que ahora sé
después de largos años de intenso aprendizaje
y de no pocas lágrimas.

La libertad es el don de los que creen en ella.
La droga de vivir.
Un cielo transparente de ginebra encendida.
Un cielo azul igual que un cuadro de Matisse.

Ahora, esta mañana de un sol que casi quema,
pienso en todos los cuerpos que un día amé,
en madrugadas
compartidas de luna.
Pienso en el hombre que amo. Pienso en él.
En la falta que tanto me haría ahora,
justo en este momento de mi vida.
Y sobre todo
o, mejor, después de todo:
¿Pensar en ellos no es
estar pensando en mí?

¿Los gavilanes no comparten... nada?

POEMAS DIVERSOS E INÉDITOS

(FRAGMENTOS DE «EL AMANTE»)

A Juan M.

I

[*Algún día hablaré de tu sonrisa...*]

Algún día hablaré de tu sonrisa,
de cómo llegué al borde de tus ojos
y a este cuarto de hotel,
de esta manera de ir
quedándonos tan solos,
de ir cayendo la noche y mis vaqueros
y el blanco de tu frente, y la mañana
llenando todo el cuarto de otoño y autobuses.

Algún día hablaré, me mira, pienso
si es que toda mi vida
fue el riesgo de llegar a este desorden
de copas y latidos por el suelo, me mira,
besa mi cuerpo, llena
de besos mis cabellos, me pregunta,

tomando entre sus manos mi rostro, me pregunta
por qué he venido, digo
que debía de hacerlo, que era como
si se tratara de una obligación.

Y suavemente va
cediendo la memoria
y el miedo a la caricia prodigiosa y perfecta
con que envuelve aquel hombre
a la muchacha que hasta ahora fui,
mientras besa mi cuerpo y me pregunta,
con acento extranjero, que por qué
he venido.
Esta es la primera vez que hablamos.

1986

[*CUANDO DESPIERTO UN HOMBRE FUMA...*]

CUANDO despierto un hombre fuma cerca de mí.
Pienso que debería
de sentir algo extraño, no sé, algo parecido
a esa sensación de vaguedad
que inspira casi siempre
el amor de los otros frente al nuestro, una especie
de irrealidad, tal vez
como un remordimiento de inconsciencia.
Descubro que quisiera
morirme de placer entre los brazos
de aquel hombre que fuma despacio junto a mí.

1986

III

[No quiero que me dejes a oscuras...]

No quiero que me dejes a oscuras con tus ojos.
Mientras me visto me habla. Me defiendo,
le pido que se vaya,
intento defenderme de sus palabras como
lo haría de mí misma sobre todo, me mira,
le pongo condiciones, casi ordeno,
hablo de pactos, establezco límites,
insisto en que es mejor de todas formas
que se vaya, me mira,
con una lentitud que es casi cruel
mira mi boca, dibuja el contorno
de mis labios, como si me besara
con una despacio-
sidad que es casi cruel.

1986

EN EL VIPS

A Rafael Alberti

Tu CAMISA italiana tu risa tus vaqueros
y qué increíble verte tan allí tan de pronto
tan descaradamente marinero
con esa vocación de gaviota
dulce de tus cabellos qué increíble qué extraño
siempre entre un oleaje
de claveles y espadas quién diría
confundido en las mesas de esa cafetería
quién diría que llevas
la sangre azul del mar entre tus venas sabes

siempre hay alguien que llora
en los bares oscuros del recuerdo en las barras
últimas de la noche
alguien que llora en bajo diciéndose su nombre
Yo muchas muchas veces me he perdido

en callejones turbios de luz amarillenta
y borrachos obscenos que me hicieron
suciamente el amor con la mirada
tristemente el amor
dolientemente largos callejones
sombra abajo hacia el mar
hacia una mar sin barcas
hacia una mar sin rastro de lunas o de puertos
yo que siempre creí en la madrugada

Por eso amo tus ojos llenos de velas claras
igual que amo los cielos abiertos de tus versos
y amo tu risa de alba enamorada y es
es como si de pronto la mar la vida entera
cupiese en esta mousse de chocolate mientras
te miro y no me creo que estés aquí tan cerca
tu camisa italiana tu risa tus vaqueros
a una distancia ya casi imprudente
como para tirarse de cabeza a las olas
de espuma de tu pelo

Confundido en las mesas de esta cafetería
quién diría que llevas
la sangre azul del mar entre tus venas

Y qué increíble hubieras parecido en un sueño

1987

UNA FOTO

LLEGA un día
en que todo se acaba.

Uno no se desprende alegremente
de lo que ha amado,
pero ese día
llega.

Yo siempre lo he visto natural,
y tuve la impresión desde el primer momento
de que Jesús también.
Era agradable así.
Era lo lógico.

Pero no hablamos de ello aquella noche,
la segunda
que pasábamos juntos.

Hacía un calor
abrasante de agosto.

Llegué a su apartamento más tarde de las 12, y las estrellas,
aunque parezca cursi y fuesen las de siempre,
no *eran* las de siempre.

El caso es que nos fuimos directamente a la bañera.
La idea fue de él,
y yo estaba encantada, aunque al principio
sentí como una ráfaga de pudor de ese tonto que te viene
cuando menos lo esperas,
pero pasó enseguida.

Imagina una esponja
llenándose y llenándose
y de nuevo entregada,
olvidada,
flotando.
Pues Jesús iba haciendo que me sintiera así.
Y su polla era suave
acariciada
por debajo del agua,

y su culo pequeño, y duro y deseable.
Y era fácil reírnos,
decir obscenidades,
dejarnos cada uno en las manos del otro
y jugar a escaparnos del deseo
como
pastillas de jabón.

Lo mismo que las prendas que encogen con el agua,
por un momento he visto fastidiarse esta escena
con el fluir de los años.
Al tiempo
le importan más bien nada tus asuntos.
Me parece muy bien.
Pero es un recuerdo que quiero conservar,
y por eso le escribo este poema,
o, mejor dicho, le hago
esta fotografía.
Y le disparo al tiempo
y es tan agradable revelármela ahora.

1996

PSI

A Marie-Christine y a Juan Bonilla

¿POR DÓNDE empiezo?

Todo desasosiego tiene su causa
en un deseo fuera de lugar?

Para que el deseo se produzca
–como opina Lacan–
debe existir alguna prohibición
(lo que no significa
que toda prohibición cause un deseo)?

Si las cosas ocurren,
ha sido porque antes de algún modo
las has imaginado
o es que las imaginas porque han de ocurrir?

Y desde un nivel de realidad que yo definiría
como
elevado,
¿cómo entender
que esperes siempre más de quien no puede darte
lo que tú necesitas?

3 de la madrugada.
Mucho rato después de colgar el teléfono
seguía oyendo su voz.
Rodeada de adioses de hielo y de maletas y de cajas,
de pronto me di cuenta de que él,
en los seis largos meses que duraba la historia,
no había pronunciado
ni una sola frase interesante
–*No más obras maestras…*–,
original, telúrica, volcánica.
Y me puse a observarnos:

Era como ver una película muy subida de tono
y muchas equis
en una tele muda:
Te iban reteniendo las imágenes,

pero llegaba un punto
en que ya no sabías de qué iba todo aquello
y, bueno, simplemente, perdías interés.

Sabes, cuando se te mete una canción
en la cabeza
y no hay forma humana de sacarla?
Pues como los paquetes, las bolsas, las maletas
se amontonaban a mi alrededor,
el tono de la voz de Miguel resonaba
como una letanía
de algún modo enganchante y soporífera.

(Mientras más cosas tienes
que trasladar contigo
más te cuesta moverte…
Se me ocurrió decirme.)

Tenía que haberme ido de Miguel
hacía ya mucho tiempo.
Tenía que haberme ido de esta casa
hacía ya mucho tiempo.

Porque las mujeres que, como yo,
llevan a Lady Chatterley en la sangre,
necesitan de amantes
que vayan más allá de la literatura y de los sueños
que se hacen realidad en nuestra 3D.

Había estrellas brillando más allá de lo negro
de esa noche. Hacía frío.
Y a falta de una frase que me diera calor,
que me abrazara un poco, con ternura,
decidí levantarme. Hacía mucho frío.
Me puse el albornoz sobre el pijama,
encendí un cigarrillo, me preparé un té.
Lo bebí muy despacio, mirando la cocina,
los muebles de madera,
las cortinitas de cuadritos blancos y de cuadritos rojos.

Nunca me había gustado aquella casa.
No me gustó desde el primer momento.
Y pensé que con las casas
ocurría como con las personas.
Te quedas a vivir en ellas como quien dice
para siempre,

y el día menos pensado
ya está aparcado justo en tu portal
el camión de mudanzas.

Y tú no lo has llamado.
Y nadie lo ha llamado.
Da exactamente igual:
El camión de mudanzas se presenta
sin que nadie lo avise.

Octubre, 2024

ISLAS

LOS PRIMEROS capítulos
no siempre dan ideas aproximadas
de lo que va la historia. De modo que
empiezas ingenuamente confiada.

Y tu alma aventurera,
tu rebeldía innata a lo convencional,
tu configuración
astral
de valentía que roza lo temerario
(«Me encanta no saber qué va a pasar»…),
entonces no tenían práctica suficiente
en dar pasos sin red en el alambre.

Porque hay un puente que es un hilo cimbreante
que permite los tránsitos
en los que arriesgas parte del tiempo de tu vida.

De entrada,
todo parece sorpresivo y luminoso,
un exilio que, más que una imposición,
es un regalo.
Lo mismo que en aquella madrugada
en el aeropuerto del sur de Tenerife,
después de dieciséis horas de trabajo
(esa vez te tocó jornada doble:
ocho en una oficina y ocho en el aeropuerto
–vestida, disfrazada, de azafata de tierra…–),
exhausta ya, vencida y al límite
de tus fuerzas,
a altas horas de la madrugada,
te quedaste dormida…,
y despertaste
tumbada en aquel banco
(así que esto era buscarse uno la vida?…),
semejante, sin duda, a una indigente más,
ya con tu día libre y con tus posesiones
–móvil, bolso y etc.–
intactas,
como un primer milagro que anunció muchos otros.

Igual que los latidos del océano Atlántico
–azul, verde, magnífico–
más allá de las pistas de aterrizaje,
la imagen que, tras los ventanales, me transmitió ese día
fue de una intensidad, de una belleza,
que hoy rescato,
generando de nuevo lo que dicen
que es oxitocina
(un abrirse radiante de horizontes mágicos)
igual que entonces.

Noviembre, 2024

EBRAH K'DABRI

Where are you now,
Atlantis, under the sea,
under the sea?

ALAN WALKER

CUATRO ANGELITOS tuve en mi cama.
Cuatro angelitos me resguardaban
de los hombres del saco de la noche.

De altas esferas,
el primero llegó con la fuerza de cien
leones arrasando.
De él aprendí a captar la intensidad
del fuego
cuando algo te fascina.
El segundo
me regalaba ideas que brillaban
como piedras preciosas,
y verdades
que se hallan por debajo del umbral perceptivo
del ser humano.
El tercero
me hizo sentir la magia
que inunda al corazón al amar sin medida,

la que posibilita
revivir el milagro de lo que fue el abrazo
en otros tiempos,
en Lemuria, en la Atlántida.
Y el cuarto me mostró
cómo hacer que los sueños cobren forma,
que se hagan, inexorablemente, realidad.

Dicen que los recuerdos
no se guardan solo en el cerebro
sino que permanecen en el cuerpo
dentro de millones de otras células.
(Entropía feliz de lo que fui
recreando
versiones caleidoscópicas
de mi ser más profundo
dentro de mi organismo?)

Viendo la polvareda
que un viento extraño acaba de traer
a mi casa,
me pregunto
si no será que acaso regresan
convertidos en escombros
recuerdos en tamaño microscópico.

Si no serán, acaso, los que vienen
con el poder de lo que ya es eterno,
polvo que, al respirarlo,
sin darte cuenta va configurándote,
sin darte cuenta va redefiniéndote,
más allá de todos los misterios.

Diciembre, 2024

ÍNDICE

PANTALONES BLANCOS DE FRANELA
(1994)

1

2

POEMAS DIVERSOS E INÉDITOS